Anna Huss & Lina Arvidsson

MARIAGES
127 idées totalement DIY

Avant-propos

Les préparatifs d'une réception de mariage ne devraient pas être source de complications. Bien au contraire ! C'est précisément ce que nous avons voulu prouver avec ce livre, et c'est une joie de le partager avec vous.
L'ambition initiale de ce projet était de proposer un livre innovant, riche en idées créatives, une mine d'inspiration en somme.
Nous avons voulu inciter les futurs mariés à se départir du mariage conventionnel et de son déroulement prévisible pour organiser une fête décomplexée, loin des traditions, et sans dépenses excessives.
Nous avons mis l'accent sur les détails décoratifs astucieux qui surprendront agréablement vos convives. Pour réunir toutes ces idées pratiques, huit thèmes ont été imaginés, des plus chics et glamours aux plus simples et récréatifs.
Quel est votre style ? Êtes-vous attiré par l'élégance graphique du noir et blanc, ou par l'ambiance romantique du rose poudré ? Suivez-vous la tendance bohemian chic, ou préférez-vous le faste des années 1920 ?
Quels que soient vos goûts, ce livre vous guidera dans l'organisation d'un mariage à votre image. Ciblez un thème particulier ou piochez les bonnes idées au fil des pages.
Avec imagination et créativité, vous concocterez une fête empreinte de bonne humeur, de fantaisie et de convivialité, qui marquera durablement les esprits.

Anna Lina

Vive la création manuelle !

Les éditions de Saxe
13, rue Jules Verne
CS 40205 - 69630 Chaponost
www.edisaxe.com

MARIAGES - 127 IDÉES TOTALEMENT DIY

MLDI 243 - ISBN : 978-2-7565-2507-5
Dépôt légal : à parution
Impression R.P.C.

www.icabokforlag.se

Idée, texte et design : Anna Huss
Idée, photographies et design : Lina Arvidsson
Mise en page et illustration : Eva-Jo Hancock
Rédaction : Erika Palmquist
Reproduction : Italgraf media

Prenez place !

SOMMAIRE

Rose poudré 06

Botanique 24

Boho chic 40

Fluo 56

Gatsby 74

Graphique 92

Pastel 110

Champêtre 126

INUTILE DE SE RUINER POUR SE MARIER ; LE PLUS IMPORTANT CE JOUR-LÀ, C'EST VOUS !

LIEU : Dans le jardin / le verger

AMBIANCE : Légèreté et romantisme

DÉTAILS DÉCO : Motifs à chevrons, dentelle, tulle, étiquettes manuscrites, bandes de tissus déchirées, abat-jour, bouteilles en verre.

ROSE POUDRÉ

LIVE, LOVE
and journey together
Antonia AND Alexander
Lind Holm
Ser med glädje fram emot
att bjuda in och fira början av
sitt nya liv tillsammans med
16:E
MAJ
2014
13:00
KIVIKS
ÄPPELODLINGA
ÖSTERLE
Följt av bröllopsmiddag och fest i
RÖRUMS ÄPPELTRÄDGÅRD
SOFIASKOLAN, RÖRUM
HAPPINESS
only

WELCOME TO
PARIS
O.S.A
Vänligen meddela innan
16:E APRIL
TACKAR JA( )
TACKAR NEJ( )
S 1002-B
S 1502-B
S 2502-B
S 3502-B
S 4502-B
DANMARK
SAVE the DATE
OCH ALEXANDER
2014
LE JOUR DU MARIAGE, CUEILLEZ DES FLEURS DE POMMIERS POUR PROFITER DE LEUR DOUX PARFUM!
Rosa
canina

Ambiance intime ou plutôt grandiose ? Tout est possible dans le jardin ! Invitez vos proches à célébrer votre mariage sous les pommiers en fleurs, où les conversations se mêleront au bourdonnement des insectes. Louez du mobilier d'extérieur en bois, de teinte naturelle et blanche, décorez le lieu de rubans et de guirlandes d'abat-jour – et la fête prendra l'ampleur que vous souhaitez lui donner !

CÉRÉMONIE

Un autel situé en plein air place la cérémonie sous le signe du romantisme et de la décontraction. Les fruitiers en fleurs constituent l'essentiel du décor, auquel vous ajouterez quelques touches personnalisées créées de vos mains.

Les rosaces en papier gris et rose clair sont assemblées par des boutons en dentelle – un petit détail qui fait sensation ! Des coussins en tissu clair disposés sur les chaises pliantes en bois assurent le confort des invités. Pourquoi ne pas ajouter un mouchoir sur chaque coussin en prévision des larmes de joie ?

Dans des draps fins de coloris blanc, gris et rose, déchirez de larges bandes que vous accrocherez aux arbres, au dos des chaises, ou comme ici, à la structure en bois de l'autel. Une décoration toute en légèreté, simple, rapide et très efficace !

RÉCEPTION ET SOIRÉE

Les tables rondes sont conviviales. Plus généralement, les formes douces et arrondies sont à privilégier si vous souhaitez un mariage décomplexé, qui laisse aux convives comme aux éléments de décoration, la liberté d'être uniques et singuliers.

Autour des tables, mélangez des chaises de styles éclectiques. Placez un nombre aléatoire de vases sur les tables, et préférez les bouquets naturels aux compositions arrangées. Enveloppez les couverts d'un napperon en papier, puis nouez l'ensemble à l'aide d'un ruban. Invitez la nature à table : attachez les marque-places à de petites grappes de fleurs de pommier. Teignez les nappes en rose clair et suspendez quelques abat-jour à une ficelle accrochée d'arbre en arbre.

Les pivoines roses et blanches étoffent les bouquets de fleurs de saison et contribuent à l'ambiance bucolique.

Enfin, désignez les tables en les nommant d'après différentes variétés de pommes ! Affichez chaque étiquette au col d'une bouteille d'eau en verre.

SAVE this DATE
ANTONIA OCH ALEXANDER
GIFTER SIG!
16 MAJ 2014
{formell inbjudan kommer snart}
O.S.A
Vänligen meddela innan
16:E APRIL
TACKAR JA( )
TACKAR NEJ( )
LIVE, LOVE
and journey together
Antonia Lind
AND
Alexander Holm
Ser med glädje fram emot
att bjuda in och fira början av
sitt nya liv tillsammans med Er
16:E
MAJ
2014
13:00
KIVIKS
ÄPPELODLINGAR
ÖSTERLEN
Följt av bröllopsmiddag och fest i
RÖRUMS ÄPPELTRÄDGÅRD
SOFIASKOLAN, RÖRUM

KISSING TREE

Un tableau affichant « Kissing Tree », suspendu à un pommier, amusera vos convives. Sous l'arbre à baisers, tout est permis !

À prévoir : Cadre ancien, inscription Kissing Tree, *système de suspension*

Empreintes

Imaginez un livre d'or original : reproduisez un motif qui vous tient à cœur, comme ce tandem. Tracez quelques traits vers le haut, représentant les fils au bout desquels seront accrochées, en guise de ballons, les empreintes digitales de vos invités. Préparez des pots de peinture assortis aux couleurs de la décoration, et proposez aux convives de tremper leur pouce dans la teinte de leur choix et de déposer leur empreinte sur le papier. Une création à encadrer comme un tableau – un joli souvenir !

À prévoir : Papier et motif, noms des mariés, date du mariage, crayon, peinture, eau, savon et serviette pour les mains.

Dentelle pour les couverts

Rassemblez les couverts dans une enveloppe de dentelle pour donner aux repas une allure informelle – et pour gagner de la place sur la table. La dentelle est une valeur sûre !

À prévoir : Napperon en papier, ruban.

RUBANS NOUÉS

Rien de plus vaporeux que des rubans légers ondoyant au gré de la brise. Nouez des bandes de tissu déchiré au dos des chaises, aux montants de l'autel, ou encore aux arbres environnants. Une touche romantique en toute simplicité !

À prévoir : Draps ou autres textiles de différents coloris, ciseaux, imagination.

MARQUE-PLACES

Voici de simples marque-places réalisés dans du papier rose clair. Sur une feuille de papier A4 colorée, écrivez le nom de vos convives en laissant quelques centimètres d'intervalle. Découpez des rectangles autour des noms, en veillant à ce qu'ils soient positionné au milieu de l'étiquette. Deux petits coups de ciseaux sur chaque étiquette, et le tour est joué ! Perforez l'extrémité non entaillée, puis enfilez un morceau de ficelle en papier que vous nouerez autour d'une grappe fleurie.

À prévoir : Grappes de fleurs de pommier, papier coloré, ciseaux, ficelle en papier.

Guirlande d'abat-jour

Chinez de petits abat-jour dans une boutique de seconde main ou dans les brocantes – il faut s'y prendre bien à l'avance – pour réaliser une guirlande à accrocher aux arbres. Choisissez dès le départ une thématique de couleur assortie aux décorations prévues pour le mariage. Et voilà de quoi remplacer les traditionnels lampions !

À prévoir : Abat-jour, fil ou ficelle pour suspendre les abat-jour.

Noms de pommes pour les tables

Au lieu de numéroter les tables, optez pour des noms de variétés de pommes, tels Ingrid Marie, Granny Smith ou Belle de Boskoop. Pour redoubler d'originalité, suspendez les étiquettes au col des bouteilles placées sur les tables.

À prévoir : Bouteilles en verre, papier rose, dentelle, étiquettes, ficelle en papier.

PLATEAUX EN-CAS

Une ancienne échelle en bois se métamorphose en table à desserts. Sur les plateaux, proposez des rafraîchissements, des muffins aux pommes et de petits paquets de bonbons avec le nom des invités. De quoi reprendre quelques forces avant d'enflammer la piste de danse !

À prévoir : Une vieille échelle en bois, plateaux, caisse à pommes, bocaux en verre et tasses à café pour les vases.

MESSAGES FRUITÉS

Proposez aux convives un petit en-cas avant la soirée. Amusez-vous à décorer vos muffins aux pommes de petits fanions affichant des messages romantiques adaptés au contexte.

À prévoir : Muffins aux pommes, piques à brochettes, papier rose, ciseaux, crayons, ruban adhésif.

Paquets à motifs chevrons

Nec plus ultra du mariage « rose poudré » : de petits cœurs en chocolat au glaçage rose. Avant le dîner, offrez aux invités un petit paquet empli de ces délicates douceurs pour répandre l'amour autour de vous !

À prévoir : Papier à motifs chevrons, imprimante, ciseaux et colle (ou ruban adhésif), étiquettes adhésives, crayon, cœurs en chocolat.

DÉTAILS VAPOREUX
ET COULEURS POUDRÉES
SE FONDENT JOLIMENT
DANS LE DÉCOR NATUREL.

LARMES DE JOIE

Surprenez vos convives avec ces pochettes de mouchoirs uniquement réservés aux larmes de joie ! Pour réaliser une pochette, pliez une feuille de papier sulfurisé en deux, insérez un mouchoir, puis fermez la pochette par une couture au point zigzag, en intégrant dans cette couture l'étiquette de couleur. Un cadeau-souvenir original !

À prévoir : Papier sulfurisé, ruban adhésif, mouchoirs en papier, fil et machine à coudre, étiquettes en papier, et éventuellement un emporte-pièce en forme de cœur pour réaliser un cœur au bas des étiquettes.

Rosaces en papier

Éléments décoratifs incontournables, les rosaces en papier coloré s'adaptent à divers endroits. Réalisez-les vous-même : pliez des papiers de coloris variés, perforez les bordures à l'aide d'une perforatrice et arrondissez les pointes avec des ciseaux. Maintenez les rosaces par des agrafes. Confectionnez des modèles de formats différents, et ornez leurs centres de jolis boutons ou de fleurs.

À prévoir : Papiers d'épaisseur et de coloris variés, perforatrice, ciseaux, agrafeuse, ruban, fil et aiguille à coudre, boutons.

CORNETS DE FLEURS

Vous souhaitez éviter le traditionnel lancé de riz ? Proposez une alternative : distribuez aux convives des cornets remplis de pétales de fleurs (de pommier) !

À prévoir : Feuilles de papier A4 coloré, agrafeuse et pétales de fleurs.

Bouteilles décorées

N'oubliez pas les petits détails qui font tout le charme d'une réception. Choisissez les pailles en fonction de la thématique du mariage – ici, les rayures grises, blanches et roses sont idéales. Enveloppez les bouteilles de papier rose.

À prévoir : Boisson pétillante, papier rose, ficelle de papier, pailles aux coloris et motifs assortis à la fête.

LIEU : Orangerie, jardin d'hiver

AMBIANCE : Nature et élégance

DÉTAILS DÉCO : Bois naturel, béton, aluminium, verre teinté, papier artisanal, planches illustrées, fleurs des champs, cages à oiseaux.

BOTANIQUE

LES NUANCES JAUNE VIF ASSOCIÉES À LA PALETTE DES VERTS DONNENT LE TON DE LA THÉMATIQUE VÉGÉTALE !

TACK!
Från Julie och F
FÖRGÄT
MIG-EJ
Julie & Fredrik
5
TIMOTEJ, PHLEUM PRATENSE L.
DANMARK

Organisé dans l'orangerie ou le jardin d'hiver, le mariage prend des accents chics et bohèmes. Dans un cadre naturel luxuriant, où la lumière inonde par les larges fenêtres, la fête sera intime ou extravagante, selon votre souhait. Le lieu s'adapte et confère à la célébration un caractère authentique. Un choix qui marquera les esprits !

THÉ DE BIENVENUE

Créez la surprise en conviant famille et amis à votre mariage dans les jardins d'un château. Servez un thé de bienvenue aux abords de l'orangerie, et laissez les invités bavarder en déambulant parmi la végétation foisonnante et les carrés de cultures. Les bancs en bois se convertissent en tables de service. On déguste boissons chaudes ou froides dans de jolies tasses, en hiver comme en été. De la cérémonie au vin d'honneur, puis du repas à la fête, le mariage s'inscrit dans une scénographie harmonieuse, avec pour thème majeur le règne végétal dans toute sa splendeur.

RÉCEPTION ET SOIRÉE

Une table de fête ornée de fleurs fraîchement cueillies, de jeunes semis et de plantes aromatiques : le thème botanique est affirmé ! L'orangerie étant déjà très stylisée en elle-même, ne surchargez pas la décoration. Ici, c'est la nature environnante et l'architecture du bâtiment qui font tout le charme du lieu. Suspendez des guirlandes de boules de laine feutrée dans une palette de jaune, blanc, gris et vert qui flotteront au-dessus de la table, symbolisant les graines emportées par le vent. Les planches botaniques et naturalistes sont des œuvres d'art au fort potentiel décoratif. Contre la surface brute d'un mur en béton, elles attireront le regard. Ajoutez une touche moderne en accrochant des fleurs des champs au mur avec du masking tape. Subtile fantaisie ! Pour rompre la solennité, associez le caractère rustique des tables épaisses en bois naturel, au style épuré des chaises en aluminium. Poursuivez dans cet esprit mix-and-match en mêlant surfaces dures et texture tendres – chandeliers en fonte, et compositions fleuries délicates sous cloche de verre, par exemple. Misez sur la couleur, et sélectionnez des objets adaptés au thème. Un grand vase rempli de citrons, placé au centre de la table, égaye par sa note colorée percutante, et fait écho au citronnier poussant au coin de l'orangerie, et aux boules de laine feutrée suspendues – l'astuce étant de rassembler trois objets de même couleur. Optez pour des lignes sobres, de petits détails créatifs, et des solutions étonnantes pour le plan de table, les marque-places et le livre d'or. L'atmosphère ravira les esthètes les plus sensibles !

ASTUCES ET IDÉES

THÉ DE BIENVENUE

Accueillez vos convives avec une tasse de thé glacé, appréciée sous la chaleur estivale. Servez le thé dans de jolies tasses en verre teinté ; ce type de service se trouve sur les étals des brocantes, ou, qui sait, chez un membre de votre famille ? Les invités pourront allègrement se désaltérer, et éventuellement grignoter une mignardise, tout en se saluant ! Une manière conviviale de débuter les festivités.

À prévoir : Un service à thé en verre teinté.

Couronne de fleurs

La mariée sera la plus naturelle possible, les cheveux détachés, avec quelques boucles indomptées. La couronne de fleurs s'impose pour être en accord parfait avec la thématique du jour.

À prévoir : Une couronne de fleurs aux couleurs assorties à la décoration.

SIMPLES VASES

Les bouteilles en verre teinté font de jolis vases. Cueillez des fleurs sauvages et réalisez de petits bouquets que vous placerez dans ces vases improvisés. Un élément décoratif de choix pour les tables ou les rebords de fenêtres.

À prévoir : Bouteilles en verre de coloris variés, fleurs des champs.

Guirlandes

Enfilez des boules de laine feutrée sur un fil léger, suspendez la guirlande, et admirez-la flotter au-dessus de la tablée. Une idée ludique et colorée !

À prévoir : Boules de laine feutrée vertes, jaunes, grises, blanches et turquoise, fil, aiguille, ciseaux.

Plan de table

À l'entrée de la pièce, des étiquettes de semis, plantées dans des pots, sont remises aux convives. Chacun devra retrouver sa place en identifiant sur une carte accrochée au verre à eau la plante qui correspond à son pot. Ainsi, les ciboulettes restent ensemble, et les basilics le placent côte à côte, etc...

À prévoir : Étiquettes de semis portant le nom de plantes aromatiques ou de légumes, pots en terre cuite, plantes à repiquer, épingles à linge en bois, illustrations botaniques annotées.

PLANCHES ILLUSTRÉES

Les planches illustrées anciennes sont de véritables œuvres d'art. Accrochez-les, ou posez-les simplement contre un mur pour saisir les regards. Empruntez ces planches à une école, ou procurez-vous quelques répliques vendues sur Internet.

À prévoir : Planches illustrées, système de fixation.

LOVE NOTES

Quelques lignes rédigées par vos convives laissent un souvenir vivant de votre mariage. Distribuez papiers et crayons et demandez aux invités d'y inscrire leurs vœux, leurs conseils, une pensée pour vos anniversaires de 5 et 10 ans de mariage, puis de placer soigneusement ces billets dans deux cages à oiseaux que vous ouvrirez le moment venu.

À prévoir : Cages à oiseaux, étiquettes numérotées, ficelle verte, cartes, crayons, papier, un tuteur pour fixer le panneau « Love notes ».

◄ JOUEZ AVEC LES COULEURS

Décorez en couleurs ! Le gros vase rempli de citrons apporte une touche d'éclat, relayée par un citronnier installé dans la salle et les boules de laine jaune flottant au-dessus de la table. Trois objets de même couleur permettent de créer une unité.

À prévoir : Citrons, vase en verre transparent, citronnier, guirlande, et un brin d'imagination.

▼ Intérieur / extérieur

Et si vous installiez le mobilier d'extérieur à l'intérieur de la salle ? Patinées par les intempéries, les tables en bois ont un certain cachet. Un élément indispensable dans le cadre d'un mariage en harmonie avec la nature.

À prévoir : Tables naturellement patinées.

▲ MENUS EN ROULEAUX

Rédigez le menu sur du papier rustique non blanchi, et enroulez la feuille sur elle-même. Attachez une étiquette affichant « menu » avec un morceau de ficelle et de la dentelle. Du style en toute simplicité !

À prévoir : Papier non blanchi, ruban de dentelle, ficelle verte, perforatrice et ciseaux.

Cloche en verre

Remplacez les bouquets classiques par une composition en jaune et vert présentée sous une cloche de verre. L'installation évoque les serres miniatures en clin d'œil et contribue à l'esprit festif. N'oubliez pas d'arroser !

À prévoir : Compositions florales, cloches en verre.

Planter avec amour

Décorez la table avec de petits plants repiqués dans des supports en papier. Disposez un plant par convive. N'oubliez pas d'effectuer les semis en avance !

À prévoir : Petits boîtes en cartonnette, terreau, plants nouveaux.

INITIALES VERTES

Ornez les chaises des jeunes mariés avec leurs initiales. Contribuez au thème botanique en les habillant de fleurs sauvages. Utilisez des lettres en bois ou en mousse florale, autour desquelles la végétation s'enroulera, maintenue par une ficelle verte.

À prévoir : Fleurs, ficelle verte, lettres en bois ou en mousse florale.

Galerie florale

Réalisez une exposition de fleurs des champs. Fixez chaque spécimen sur le mur avec du masking tape. La nature est à la fête !

À prévoir : Fleurs sauvages, masking tape.

ALBUM PHOTO POLAROÏD

Enthousiasme et spontanéité sont les secrets d'un livre d'or réussi. Installez un canapé vintage dans le jardin. Ajoutez un coussin fleuri, et mettez à disposition des convives un appareil photo Polaroïd qu'ils seront libres d'utiliser à leur guise. Proposez-leur d'afficher les tirages sur un fil à l'aide d'épingles en bois. Vous consignerez ensuite ces photos dans votre livre d'or pour garder un souvenir unique et personnalisé de la fête.

À prévoir : Un fauteuil de style ancien, coussins, appareil photo Polaroïd, ficelle, épingles à linge en bois.

Myosotis

Au moment du départ, remerciez vos convives en leur offrant des graines à semer ensachées dans une pochette de votre confection. Une manière symbolique de répandre l'amour ! Personnalisez les graines en fonction des convives, et notez sur la pochette vos noms, le lieu et la date du mariage.

À prévoir : Graines, papier non blanchi, colle.

LIEU : À la plage

AMBIANCE : Bohème et détente

DÉTAILS DÉCO : Coussins marocains, tapis, plumes, plaids, lanternes, galets, bois flotté, sandales, carte marine.

BOHO CHIC

O.S.A
senast tjugofemte juni
Tackar ja med glädje
Tackar tyvärr nej
Camilla & Petter
Westerly House
Bror Bergs Allé 15
112 26 Stockholm
SAVE THE DATE
CAMILLA & PETTER GIFTER SIG
TJUGOATTONDE JULI
TJUGOHUNDRA FJORTON
PENSE-BÊTE :
1 DÉCOUPER LES PLUMES EN PAPIER BIEN AVANT LE JOUR J !
2 CHERCHEZ DES BÂTONS POUR LE LIEU DE LA CÉRÉMONIE
3 LOUEZ DE LA PORCELAINE MAROCAINE
4 PRÉPAREZ LES VALISES POUR LA LUNE DE MIEL !

214 mango
261 papaya
480 körsbär
692 storm
723 lagun
882 teak
999 svart
VI ÖNSKAR ER NÄRV RO
VID VIGSELN
MELLAN
Camilla Hedin
&
Petter Larsson
LÖRDAG, DEN TJUGO ÅTTONDE JULI
TVÅ TUSEN OCH FJORTON
KLOCKAN 14.00 PÅ EFTERMIDDAGEN
SALTSJÖBADENS STRAND
YSTAD

Quand l'iode emplit vos poumons et que les larmes se mêlent au sel des grains de sable, le quotidien s'évapore le temps d'une journée.
Un mariage à la plage est un rêve éveillé, bercé par le clapotis des vagues. Choisissez le lieu qui vous est cher, avec la plage en fond de décor, et organisez une célébration chaleureuse et détendue, où chacun sera libre de marcher pieds nus !

CÉRÉMONIE

Laissez de côté vos chaussures et marchez pieds nus à travers les dunes en direction de l'autel. Le chemin est balisé de petits bâtons enveloppés de bandes de tissus colorées. La cérémonie se déroule sous une structure de branches liées avec d'une corde rustique. Des tissus blancs, attachés aux montants, flottent délicatement au vent, tandis que tournoient les mobiles de plumes faits maison. Le mariage s'annonce chic et bohème ! Choisissez des couleurs en cohérence avec la thématique et en harmonie avec le lieu – la gamme des bordeaux est idéale avec le bleu turquoise de la mer. Et pour vos convives, mettez à disposition un panier rempli de paires de sandales, puis orientez-les par un panneau en bois flotté peint à la main jusqu'à l'autel.

RÉCEPTION ET SOIRÉE

L'élégance décontractée est le principe essentiel de ce mariage. Étalez sur le sable de grands tapis à motifs et dressez les tables sur des caisses en bois, habillées de plaids en tissus multicolores. La plage est un lieu ouvert à l'infini ; il y aura toujours une place pour ceux que vous aimez. Prévoyez une multitude de coussins et de poufs. Choisissez une vaisselle en porcelaine et préparez des pots à couverts individuels pour éviter que tout ne s'envole à la moindre brise. Pour le placement à table, remettez à vos convives des pampilles colorées étiquetées à leurs noms. Installez une carte marine sur laquelle famille et amis seront invités à écrire un petit mot amusant. Dispersez des lanternes qui répandront une lumière tamisée le soir venu et poursuivez la fête jusqu'à l'aube. Pour ceux qui n'auront plus l'énergie de danser pieds nus dans le sable, ils pourront se pelotonner dans de jolis plaids en laine !

ASTUCES ET IDEES

DÉCORER L'AUTEL

Rien de plus simple ! Récupérez trois grands bâtons ; idéalement en bois flotté. Attachez-les avec une corde épaisse et enroulez des pans de voile blanc à chaque angle. Fixez ensuite les plumes en papier à des morceaux de fil clair et suspendez-les à différentes hauteurs. Consolidez la fixation de la structure pour éviter qu'elle ne se renverse : creusez des trous dans le sable et remplissez-les de galets. Enfoncez les montants dans les tas de galets, remplissez les trous d'eau et de sable pour colmater le tout. Terminez par une couche de sable sec.

À prévoir : Trois grands bâtons, corde, deux draps blancs fins, plumes, fil fin, ciseaux.

Sandales

Rassemblez différentes paires de sandales et d'espadrilles dans un panier à disposition des invités. Empruntez celles de votre entourage pour l'occasion, et essayez de regrouper le plus de pointures possible.

À prévoir : Sandales et espadrilles

OUI !

Indiquez le chemin de l'autel avec un panneau confectionné par vos soins. Ramassez une planche en bois flotté sur laquelle vous inscrirez à la peinture « Oui ! », ou tout autre message. Pour éviter d'utiliser une scie, dessinez une flèche à l'extrémité de la planche. Choisissez un gros pinceau rond, ou écrivez directement au doigt, en enfilant un gant en latex. Clouez le panneau sur une autre planche préalablement enfoncée dans le sable.

À prévoir : Deux planches de bois flotté, peinture, pinceau ou gant en latex, clou et marteau.

Bâtons colorés

Bordez le chemin menant à l'autel de bâtons disposés en ligne. Habillez les bâtons de larges rubans de satin enroulés. Limitez-vous à deux coloris par pièce.

À prévoir : Bâtons, rubans de satin de coloris variés.

Programme

Créez un programme joyeux et coloré ! Remettez aux invités une enveloppe contenant toutes les informations importantes quant au déroulement de la journée. Décorez l'enveloppe de plumes en papier coloré, glissées sous une ficelle de couleur turquoise ou naturelle.

À prévoir : Enveloppes de coloris naturel, plumes découpées à la main dans des papiers de divers coloris, ficelle, ciseaux.

PLUMES EN PAPIER

Modernes, ludiques et stylisées, les plumes en papier sont un jeu d'enfant. Sélectionnez des feuilles de papier de cinq coloris différents, assortis au thème du mariage, et découpez vos plumes en variant les dimensions et les formes. Perforez celles qui seront suspendues pour créer guirlandes et mobiles. Les autres pourront servir de marque-places.

À prévoir : Feuilles de papier coloré, ciseaux, perforatrice.

VOISINS DE TABLE

Voici une idée de placement propice aux rencontres ! Accrochez sur une planche des pampilles colorées, étiquetées au noms des convives, et formez des couples en leur attribuant une même couleur. Idéal pour engager la conversation avant le début des festivités.

À prévoir : Planche, clous, marteau, pampilles (deux de chaque couleur), ficelle, papier rustique pour les étiquettes, perforatrice, crayon.

Pot de bienvenue

Servez une boisson à l'arrivée des convives. Agrémentez les verres de menthe fraîche et présentez-les sur des caisses en bois retournées. Simple et efficace !

À prévoir : Verres, boissons, menthe fraîche, caisses en bois.

▼ PLUMES MARQUE-PLACES

Utilisez vos plumes en papier pour placer les convives. Inscrivez les noms à la main et accrochez la plume au galet, avec un morceau de ficelle colorée, pour éviter qu'elle ne s'envole.

À prévoir : Plumes de coloris variés, crayon, galets, ficelle, ciseaux.

▲ POTS À COUVERTS

Une façon originale et décontractée de dresser la table. Placez les couverts, les serviettes de table et quelques sachets de sel et de poivre dans de petites boîtes de conserve, avant de nouer une ficelle autour de chaque pot. Les convives seront invités à se servir au moment de s'attabler.

À prévoir : Boîtes de conserve, couverts, ficelle, serviettes, sachets de sel et de poivre.

◀ Afficher le menu

Utilisez des bouteilles en verre comme support pour présenter le menu. Pratique pour le parcourir d'un seul coup d'œil. Cette installation évite que le vent n'emporte tout !

À prévoir : Bouteilles en verre, menus, colle ou ruban adhésif double face.

Carte de remerciements

Les photos du jeune couple prises le jour J peuvent servir pour les cartes de remerciements. Anticipez et réalisez une petite décoration. Ici, le cœur et les lettres qui forment mot LOVE sont fixés sur des piques à brochette plantées dans le sable. Demandez aux convives de vous photographier en train de marcher nonchalamment le long de la mer.

À prévoir : Piques à brochettes, ciseaux, ruban adhésif, lettres en papier, un photographe volontaire.

SE TENIR AU CHAUD

À la nuit tombée, il est doux de pouvoir s'emmitoufler. Installez une valise remplie de plaids à disposition des convives les plus frileux. Pour mettre un peu d'ordre, enroulez chaque plaid et maintenez-les par une ficelle nouée. La fête peut continuer !

À prévoir : Valise, plaids, ficelle.

Ludique

Prévoyez des jeux pour les enfants. Construisez un tipi avec quelques branches, de la ficelle et une housse de couette à motifs. Au sol, déroulez des tapis et ajoutez quelques coussins. Les caisses en bois utilisées en guise de table au début de la réception se transforment en bateaux. Laissez libre cours à l'imagination des petits et des grands !

À prévoir : Bâtons, ficelle, housse de couette, tapis, coussins, caisses en bois, rames.

CADEAUX PARFUMÉS

Offrez aux invités des bougies parfumées, qui feront agréablement perdurer le souvenir de cette chaleureuse journée.

À prévoir : Bougies parfumées, pampilles colorées.

BON VENT !

Installez sur la plage vos valises prêtes pour la lune de miel. Glissez une carte marine sur une valise ouverte et proposez aux convives d'inscrire leurs vœux de bonheur entre latitudes et longitudes, phares et balises et points cardinaux. Au final, un souvenir original à encadrer.

À prévoir : Valises, carte marine, crayons.

LIEU : Dans un garage

AMBIANCE : Couleurs éclatantes et euphorie

DÉTAILS DÉCO : Motifs géométriques, couleurs vives, panneaux, fils de laine, chaises à barreaux, ballons, guirlandes, bonbons.

FLUO

Déco en perles de bois aux formes géométriques !

Circus
BRICOLEZ DES DÉCORATIONS AVEC DES FILS ÉBLOUISSANTS
SAVE the DA
Catrin och Mattias
gifter sig!
11 Juli 2014
{ formell inbjudan kommer snart }
O.S.A
SENAST 10 JUNI
BYGATAN
KARLABY
SIMRISHAMN

2
JULIA
DAVID

Organisez un mariage aux couleurs explosives et aux détails amusants. La tonalité de la fête s'exprime dans les objets déco volumineux et dans le choix de couleurs vives – turquoise, orange et cerise. Jouez sur le mix-and-match, sortez vos pots de peinture et concoctez un univers récréatif dynamisé par les nuances les plus pétillantes.

RÉCEPTION ET SOIRÉE

Pour convertir un garage en salle de réception accueillante, il vous faut faire preuve de créativité. Un conseil : éclaboussez le lieu de couleurs ! Chinez des chaises anciennes dans les brocantes et repeignez-les dans des coloris audacieux, assortis à la thématique de votre mariage. Au plafond, suspendez des boules en papier de riz et des guirlandes multicolores qui donneront l'impression qu'une pluie de confettis arrose la table.

Les bocaux en verre sont recyclés en vases ; décorez-les de ficelle en papier et de perles en bois aux formes géométriques plongées dans la peinture. Une touche déco amusante à réaliser qui égayera la table. Reproduisez les motifs de la fête sur les marque-places, le menu et les numéros de table.

Les initiales des mariés sont dessinées en entralaçant des fils sur des panneaux cloutés accrochés aux chaises des tourtereaux. Régalez les convives d'un plateau de friandises dans l'esprit de la fête. Des pailles aux étiquettes, tout est prétexte à la décoration !

LOVE
IS
SWEET!
C♥M

ASTUCES ET IDÉES

SAVE THE DATE

Les *save the date* sont de plus en plus courants. Ces « pré-faire-parts » annoncent bien à l'avance la date de votre mariage et permettent à vos invités de réserver leur week-end, en attendant un faire-part officiel plus détaillé. Amusez-vous à créer des cartes fantaisie à l'image de votre couple et du thème prévu pour le mariage. Ici, les futurs mariés sont photographiés avec des ballons multicolores sur lesquels la date du jour J est inscrite.

À prévoir : Ballons, feutres, imprimante, de l'imagination et un photographe.

LISTE DES BOISSONS

Ajoutez une touche graphique avec cette liste de cocktails. Baptisez les cocktails de noms amusants, clins d'œil au thème du mariage et au couple lui-même. Que diriez-vous d'un French Kiss, ou d'un Philtre d'amour ?

À prévoir : Porte-document avec pince à papier, menu des boissons, imagination.

PAILLES FANIONS

Collez de petits fanions sur les pailles, portant par exemple le nom des mariés, ou encore quelques messages d'amour. Regroupez les pailles dans un pot à crayons recouvert de papier et décoré de masking tape multicolore.

À prévoir : Pailles à motifs, papier, colle, bocal ou pot à crayons, masking tape de coloris variés.

Guirlandes géométriques

Amusantes et ornementales, les guirlandes de papier explorent des formes géométriques inhabituelles. Préparez un gabarit pour découper des formes de dimensions égales, et enfilez-les sur un fil d'un coloris assorti ou contrastant. Chemins de table ultra-modernes ou suspensions pétillantes, ces guirlandes sont la touche incontournable d'une réception éclatante.

À prévoir : Papier coloré, pelotes de fil de coloris fluo, ciseaux, aiguilles.

Plan de table en masking tape

Le masking tape est idéal pour réaliser un plan de table original. Choisissez une couleur par table, découpez des fanions de masking tape et collez-les sur une feuille de papier. Tracez des lignes au feutre pour figurer des perches. Inscrivez le nom des convives que vous souhaitez réunir à une même table. Place aux rencontres et aux conversations !

À prévoir : Masking tape de coloris variés, ciseaux, feutres, papier.

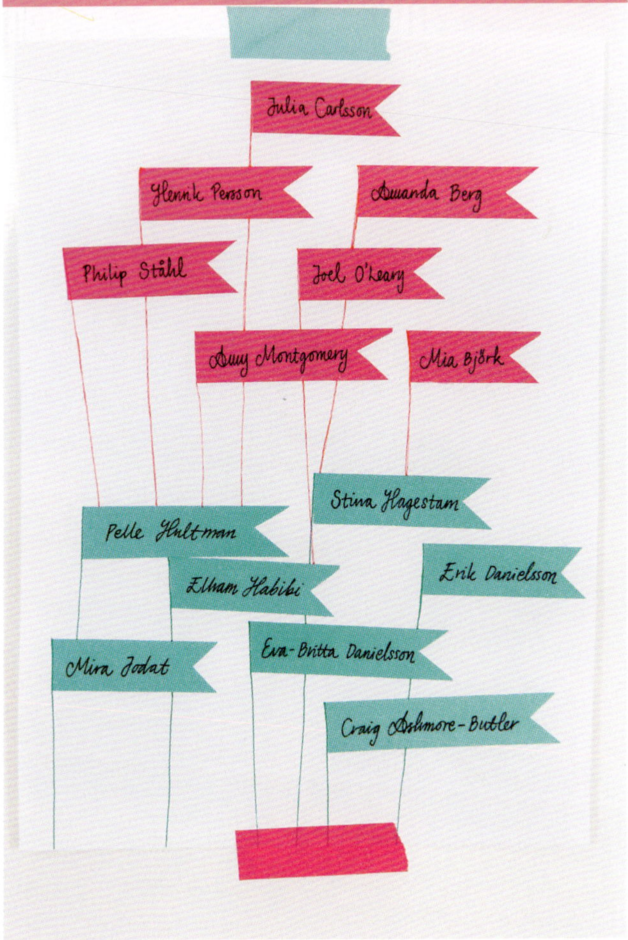

ENVELOPPE – MENU

Affichez le menu sur des enveloppes aux coloris festifs. L'enveloppe contient toutes les informations relatives au déroulement de la journée (thème, noms des invités, détails pratiques, soirée, etc). Disposez ces enveloppes à table devant les assiettes. Une idée très pratique et créative !

À prévoir : Enveloppes, menus, informations pratiques, imprimante couleur, colle.

PANNEAUX

Indiquez les différents lieux de la célébration par des panneaux aux flèches colorées. Dans de fines planches, sciez des flèches et peignez-les dans différentes nuances. Clouez les flèches sur un poteau et ornez-les de lettres adhésives. Outre son aspect pratique, ce panneau fera sourire vos convives par son côté décalé !

À prévoir : Planches et poteau en bois, scie, peintures de coloris variés, pinceaux, clous, lettres adhésives (vendues dans les magasins de loisirs créatifs).

Numéros de table

Affichez les numéros attribués aux tables de la réception sous forme d'encadrement, ou, comme ici, de gros cubes transparents aux arêtes fluo. Imprimez les chiffres sur une feuille de papier bordée de motifs géométriques.

À prévoir : Papier, imprimante couleur, ciseaux, cadres.

MARQUE-PLACES À MOTIFS

Confectionnez vous-même les marque-places personnalisés aux couleurs de votre mariage. Créez un motif coloré à l'ordinateur – reproduisez-le plusieurs fois sur une même page – inscrivez les noms des invités, imprimez, découpez, pliez, admirez !

À prévoir : Papier, imprimante couleur, ciseaux.

Vases perlés

De simples bocaux en verre se transforment en vases originaux par une simple astuce : habillez-les de colliers de perles ! Choisissez des perles en bois aux formes géométriques et aux coloris éclatants, puis enfilez-les sur de la ficelle en papier. Aucun détail n'est laissé au hasard !

À prévoir : Ficelle en papier, perles en bois de formes géométriques, bocaux en verre.

INITIALES FLUO

Les chaises traditionnelles sont modernisées d'un coup de peinture. Variez les styles et les tailles des chaises pour composer une tablée unique et tendance. Ajoutez un détail conceptuel aux chaises des jeunes mariés : décorez-les de tableaux à leurs initiales. Découpez des carrés dans les planches qui ont servi de support lorsque vous avez repeint les chaises. Plantez des clous en dessinant les initiales des prénoms. Entrelacez les fils de coloris fluo autour des clous jusqu'à ce que les lettres apparaissent nettement. Accrochez ensuite les tableaux avec de la ficelle en papier.

À prévoir : Chaises de récupération, peintures et pinceaux, planche, scie, clous, marteau, fil, ciseaux, ficelle en papier.

BOUQUETS DE FLEURS ÉBLOUISSANTS ET ROBE CERISE POUR LES DEMOISELLES D'HONNEUR – OSEZ L'EXTRAVAGANCE !

COUVERTS EN PLASTIQUE DÉCORÉS

Pour le dessert, créez la surprise avec des couverts en plastique décorés de motifs en masking tape. De quoi épater vos convives et poursuivre dans l'esprit créatif de ce mariage au thème fluo.

À prévoir : Couverts en plastique, masking tape, ciseaux.

Plateau gourmand

Les bonbons, c'est bon. Et c'est une valeur sûre pour un mariage récréatif ! L'idée est de rassembler tous les bonbons sur une même table décorée avec force couleurs et motifs. Vos invités ne sauront résister. Versez les bonbons dans de gros bocaux en verre, et complétez par des plateaux de muffins.

À prévoir : Table, nappe ou tissu imprimé, bocaux en verre, plat à tarte sur pied, bonbons, petits gâteaux, imagination.

Love is sweet

Le buffet des desserts est encore plus alléchant s'il est accompagné d'un clin d'œil amusant. « Love is sweet » est un message parfaitement adapté au contexte ! Accrochez une grille (ou un morceau de grillage) contre un mur, sur laquelle vous fixerez des étiquettes à l'aide de mini-épingles à linge en bois. Inscrivez le message au feutre. Les épingles sont peintes dans différents coloris et la grille est enduite d'une couche de peinture blanche en spray. L'amour est doux comme le miel...

À prévoir : Grille ou grillage, peinture en bombe, étiquettes de coloris variés, mini-épingles à linge en bois, peintures, pinceaux, et feutres.

BANDEROLES PERLÉES

Décorez le sommet de la pièce montée d'une banderole en perles. Enfilez des perles en bois sur une ficelle en papier fixée aux extrémités des piques à brochette. Plantez délicatement les piques dans le gâteau, et voilà un dessert atypique et appétissant !

À prévoir : Ficelle en papier, perles en bois, piques à brochettes, ciseaux.

LIEU : Au château

AMBIANCE : Luxe et glamour

DÉTAILS DÉCO : Dentelle, dorures, machine à écrire, papier-peint doré, livres, clés, miroirs, vaisselle dorée, roses, lustres en cristal.

GATSBY

CHINEZ DES CLÉS ANCIENNES DANS LES BROCANTES.

MC1
MC2
When I saw you
I fell in love, and
you smiled
because you knew.
- William Shakespeare
20'
AMANDA och OLA
VILL MED KÄRLEK BJUDA IN
ATT TILLSAMMANS MED BRUDPARET FÖRGYLLA BRÖLLOPSDAGEN
VID ST.OLOFS KYRKA, ÖSTERLEN
LÖRDAGEN DEN 5:E OKTOBER
TVÅTUSEN OCH FJORTON KLOCKAN 14.00
EFTERFÖLJANDE BRÖLLOPSMIDDAG OCH FEST FIRAS PÅ
KRONOVALLS VINSLOTT
TOMELILLA
MR.

Un château cossu, implanté dans un domaine luxuriant, voilà le cadre idéal pour une réception de mariage en toutes saisons. Typiquement, le lieu se prête à l'organisation d'une fête hors du temps, inspirée par le glamour des années 1920. Oubliez le quotidien, prolongez la fête sur trois jours, et revivez le faste et l'euphorie des Années folles !

RÉCEPTION ET SOIRÉE

Le mariage au château est un conte de fées. Salles somptueuses aux imposants lustres de cristal, dorures, miroirs et fenêtres hautes ; la réception baigne aussitôt dans une atmosphère romantique.

Recevez vos invités avec le plus grand soin et préparez-leur une fête digne du lieu. Les tables sont dressées dans la salle la plus luxueuse, avec dentelle et rubans de satin. Les menus et les numéros de tables sont présentés dans des cadres dorés, tandis que la décoration met l'accent sur les objets rétro, comme une machine à écrire à disposition des convives pour signer le livre d'or.

Utilisez des clés anciennes pour créer des marque-places atypiques et distingués. Les chaises des jeunes mariés sont ornées de cadres dorés à leurs initiales, suspendus à un ruban de satin doré également. Ne lésinez pas sur le champagne, et au cours de l'après-midi, organisez un thé et une promenade dans les jardins du château. Visitez la bibliothèque et feuilletez les romans d'amour offerts par les demoiselles d'honneur à la mariée.

Enfin, n'oubliez pas les fleurs : les roses blanc crème sont de rigueur.

AMANDA och OLA
VILL MED KÄRLEK BJUDA IN
ATT TILLSAMMANS MED BRUDPARET FÖRGYLLA BRÖLLOPSDAGEN
VID ST.OLOFS KYRKA, ÖSTERLEN
LÖRDAGEN DEN 5:E OKTOBER
TVÅTUSEN OCH FJORTON KLOCKAN 14.00
EFTERFÖLJANDE BRÖLLOPSMIDDAG OCH FEST FIRAS PÅ
KRONOVALLS VINSLOTT
TOMELILLA
O.S.A
Namn
Tackar gärna ja
Tackar tyvärr nej
Vänligen svara senast
1:a september 2014
Amanda och Ola
23 Holly Street
The Hills
Enniscorthy
County Wexford
Ireland
AMANDA och OLA

DES LIVRES POUR LA MARIÉE

Confiez aux demoiselles d'honneur la mission de choisir chacune un livre pour la mariée. Demandez-leur d'y inscrire une dédicace, expliquant leur choix. De la lecture à emporter dans les valises pour la lune de miel !

À prévoir : Romans d'amour.

Dentelle autour des chaises

Décorez le dossier des chaises de larges bandes de dentelle, l'effet chic et romantique sera immédiat. Cousez les côtés de la bande pour former un tube à glisser sur le dossier.

À prévoir : Bandes de dentelle, aiguille, fil, ciseaux.

A TRUE MATCH

À la tombée du jour, illuminez la salle et réchauffez l'atmosphère à la lueur des bougies. Disposez sur les tables quelques boîtes d'allumettes customisées grâce à des messages liés au thème du mariage. Détail déco et cadeau souvenir !

À prévoir : Boîtes d'allumettes, papier, imprimante, ciseaux, colle.

Plan de table clinquant

Réalisez un plan de table en utilisant des assiettes en carton dorées. Sur une feuille, inscrivez le nom des convives pour chaque table et collez-la sur une assiette. Disposez ensuite les assiettes en évidence sur la porte de la salle de réception par exemple – les invités y jetteront un coup d'œil en entrant et pourront plus aisément faire connaissance en s'attablant.

À prévoir : Assiettes en carton dorées, papier, imprimante, colle et ruban adhésif double face.

▼ CHAISES DES MARIÉS

Suspendez des cadres anciens aux chaises des mariés. Inscrivez M. et Mme dans une typographie élégante, et encadrez l'impression. Accrochez le cadre à l'aide d'un ruban de satin doré.

À prévoir : Cadres anciens chinés dans les brocantes, papier, imprimante, ruban de satin doré, ciseaux, épingles ou ruban adhésif.

▲ Boîtes de chocolats et marque-places

Prévoyez de petites boîtes de chocolats pour le café, qui serviront également de marque-places. Habillez ces boîtes de papier imprimé assorti aux tons de la fête : associez sur une même table motifs dorés et rayures noires et blanches. Enfilez les étiquettes sur des rubans de satin et nouez le tout autour des boîtes. Cerise sur le gâteau : choisissez des chocolats en forme de cœurs !

À prévoir : Petites boîtes en papier, papiers imprimés, ciseaux, colle, papier blanc pour les étiquettes, perforatrice, rubans de satin.

FASTE ET GLAMOUR, UN MARIAGE AU CHÂTEAU DANS LE PUR STYLE DES ANNÉES 1920.

MIROIRS DE TABLE

Les numéros de table sont présentés sur de petits miroirs anciens aux formes variées, chinés dans des les brocantes. Si nécessaire, dorez les cadres à la bombe. Choisissez une typographie stylisée et rétro, découpez les chiffres dans du vinyle adhésif, avant de les coller sur les miroirs.

À prévoir : Miroirs dorés, éventuellement peinture dorée en bombe, imprimante, papier et colle ou vinyle adhésif.

La clé du bonheur

Chaque convive aura une clé à son nom, qui lui permettra de trouver sa place à table. Attachez les étiquettes portant le nom de l'invité et le numéro de table grâce à un ruban de satin blanc crème.

À prévoir : Clés, rubans de satin, étiquettes.

Silhouettes

Retrouvez l'esprit du siècle passé avec ces silhouettes à l'effigie des jeunes mariés. Dessinez les profils des tourtereaux coiffés de chapeaux d'époque. Présentez les silhouettes dans des cadres dorés et anciens, puis exposez-les dans le salon.

À prévoir : feutres, papier, ciseaux, cadres dorés.

VŒUX DE BONHEUR

Proposez à vos convives d'inscrire leurs vœux à la machine à écrire. Conservez toutes les cartes dans une boîte avant de les ajouter à l'album de mariage.

À prévoir : Machine à écrire ancienne, cartes, jolie boîte pour rassembler les vœux.

PYRAMIDE DE CHAMPAGNE

Surprenez vos convives avec une pyramide de champagne ! Réalisez plusieurs petites structures ou un immense édifice et décorez le plateau de fleurs. Un mariage en grande pompe !

À prévoir : Coupes à champagne, plateau, champagne ou boisson pétillante non alcoolisée.

ARRIÈRE-PLAN ROMANTIQUE

Préparez un décor pour les photographies. Choisissez un endroit esthétique et lumineux, placez un fauteuil ou un sofa, des objets déco et fabriquez une toile de fond avec du papier peint assorti aux tons du mariage.

À prévoir : Planches de bois à assembler, papier peint et colle spéciale, pistolet à colle, fleurs, mobilier ancien, appareil photo, sourire et bonne humeur !

Menu encadré

Pour le menu, choisissez une typographie rappelant le style de l'époque – prévoyez un menu par table que vous présenterez dans des cadres dorés. Bon appétit !

À prévoir : Menus, cadres dorés, typographies en téléchargement libre.

STYLE ANNÉES FOLLES POUR LA MARIÉE

Plumes et paillettes, la mariée sera glamour ! Confectionnez un headband en tulle orné d'une fleur en perles et assortissez-le de grandes boucles d'oreilles étincelantes. Pour la coiffure, choisissez un carré court ou long, et formez de grosses boucles. Enfin, osez les lèvres rouge vif pour un look années 1920 authentique !

À prévoir : Tulle, fleur en dentelle avec perles et strass, fil, aiguilles.

LOVE
MR & MR

LIEU : Au restaurant

AMBIANCE : Graphisme, humour et lignes sobres

DÉTAILS DÉCO : Livres, affiches, lettres de Scrabble, moustaches, nœuds papillon, cravates, échiquier, masking tape, ardoises.

GRAPHIQUE

Han hade gjort en god gärning
honom med en känsla av frid
skorna och
LOVE
MR & MR
MR & MR
LOVE
A
1
JENSENS och DAHLS
MUSIK — DANS — TAL
EN BRÖLLOPSFEST
I HUVUDROLLERNA
DEN CHARMERANDE OCH STILIGA FREDRIK JENSEN
och
PEPPER DAHL DEN FASHIONABLA OCH FÖRTJUSANDE
TILLSAMMANS MED
DERAS FÖRÄLDRAR OCH GÄSTANDE STJÄRNOR:
LUNDS KYRKA, LUND, FREDAG 06 DECEMBER, 2015 KLOCKAN 14.00
BRÖLLOPSFESTEN FIRAS PÅ THE BOULEBAR, MALMÖ, SKÅNE
(tickets complimentary to all performing stars)
PRICE 9c
TAX PAID 1c
TOTAL 10c
06122015
54
S 0580-Y
LE JAUNE DYNAMISE L'AMBIANCE ET BRISE LA SOBRIÉTÉ DU NOIR ET BLANC.

RSVP
GUEST STARS
M
ACCEPT with the greatest of pleasure
OR
DECLINE with utmost regret
Please reply by FRIDAY, December 01, 2015
06122015
SAVE THE DATE
06 DECEMBER 2015
FREDRIKJENSEN
PEPPERDAHL &
{ formal invitation to follow }
LOVE
LOVE
CRAIG
I YOU
WILL YOU BE MY GROOMSMAN?
Dude
S 1000
S 1500
S 2500
S 4000-N
S 5500-N
S 6500-N

LOVE
LOVE
IS A
BEAUTIFUL
THING
LOVE
LOVE
LOVE
A

Le noir et blanc est à l'honneur dans ce mariage graphique. Une collection d'éléments savamment sélectionnés crée un ensemble visuellement esthétique et contemporain. Ajoutez une dose d'humour et de joie et soignez les moindres détails, de la cérémonie à la soirée. Envoyez vos invitations V. I. P. et déroulez le tapis rouge. La fête peut commencer !

RÉCEPTION ET SOIRÉE

Louez votre restaurant préféré pour célébrer le mariage. Un défi, car il faudra s'adapter au lieu tout en y apportant votre touche personnelle. Misez sur la simplicité et la décontraction !

La décoration de style graphique noir et blanc sera épicée d'une touche jaune vif. Pour créer une harmonie, on retient le thème des lettres de toutes formes : imprimées, écrites à la main, puisées dans un Scrabble ou dans les pages d'un livre, elles constituent une trame. Soyez vous-même en phase avec le style de votre mariage ; épinglez sur votre costume des badges confectionnés par vos soins au lieu des traditionnels fleur ou mouchoir.

Les nappes recouvrant les tables sont des pages déchirées dans de vieux livres et assemblées pêle-mêle avec du masking tape. Remettez au maître de cérémonie une sonnette de vélo ornée d'un motif de moustache, qu'il actionnera pour porter un toast – au lieu de faire tinter un verre. Imprimez des messages d'amour stylisés que vous suspendrez au plafond au dessus des tables.

Enfin, décorez la pièce montée d'élégants nœuds papillons et n'oubliez pas de changer de chaussures pour enflammer la piste le soir venu. Let's rock !

M
3

ASTUCES ET IDEES

MARQUE-PLACES LUDIQUES

Écrivez le nom de vos invités en disposant des lettres de jeux à côté de l'assiette. Un détail créatif – les convives s'amuseront probablement à former de nouveaux mots !

À prévoir : Lettres issues d'un jeu type Scrabble.

Serviettes papillons

Mettez les assiettes sur leur trente-et-un ! Pliez les serviettes en accordéon, et resserrez le milieu de la bande avec du masking tape ou un rond de serviette.

À prévoir : Serviettes, masking tape ou ronds de serviettes.

BOUTEILLES MASCULINES

Avant le mariage, invitez la gent masculine en soirée et profitez de l'occasion pour annoncer le choix de vos témoins d'une façon originale. Confectionnez vos étiquettes, imprimez-les sur du papier adhésif avant de les découper et de les coller sur des bouteilles en verre. Le tour est joué !

À prévoir : Étiquettes adaptées au thème, imprimante, bouteilles en verre, colle, pailles.

Tables romanesques

Procurez-vous une pile de vieux livres à la brocante et déchirez les pages pour fabriquer des nappes de papier. Assemblez-les avec du masking tape aux motifs variés noirs et blancs. Citations hors contexte, dialogues improvisés, la soirée promet d'être cocasse !

À prévoir : Vieux livres sur le thème du mariage, masking tape.

LETTRES DE TABLE

Effectuez un agrandissement des lettres d'un Scrabble que vous utiliserez pour identifier les tables. Un détail très graphique, en écho aux marque-places. Collez les lettres sur du carton pour les stabiliser.

À prévoir : Papier, imprimante, carton ou planche de bois fine, ciseaux, colle.

MENU NOIR SUR BLANC

Simplicité rime souvent avec succès. Écrivez le menu en utilisant une typographie épurée et fixez-le sur une serviette, à l'aide d'une pince à papier. Une méthode simple et soignée, aux accents graphiques bien étudiés.

À prévoir : Menu, serviettes en papier, pinces à papier.

Love is in the air

Étoffez la salle de touches graphiques avec des affiches stylisées suspendues au-dessus des tables. Confectionnez-les vous-mêmes ou achetez-les sur Internet, en choisissant des messages, des citations ou des dictons dans l'esprit du mariage.

À prévoir : Affiches graphiques, fil, perforatrice.

Nœuds papillon

Discutez au bar avec style ! Des piques à cocktail personnalisées sont un détail immanquable. Découpez des nœuds papillon dans des pages de vieux livres, puis fixez-les sur des piques en bois. Les conversations ne risquent pas de s'épuiser, avec toutes ces phrases tronquées à compléter...

À prévoir : Un vieux livre, ciseaux, colle, piques à cocktail.

SONNETTE POUR LE MAÎTRE DE CÉRÉMONIE

Confiez au maître de cérémonie une sonnette qu'il utilisera pour demander le silence. Personnalisez l'objet avec un motif amusant adapté au thème du mariage.

À prévoir : Une sonnette, de l'imagination.

PLAN DE TABLE CRAVATÉ

Indiquez le plan de table à l'aide d'un panneau en ardoise. Symbolisez les tables avec des cravates découpées dans du papier blanc. Inscrivez le nom des invités à la main et accrochez-les sur un tableau noir à crochets. Style et humour jusque dans les moindre détails !

À prévoir : Papier, ciseaux, crayon, perforatrice, lettres de jeux, ruban adhésif double face, tableau noir et ardoise, crochets, craie blanche.

Cadeaux noirs et blancs

Remettez à vos convives de petits paquets lorsqu'ils s'apprêtent à partir. Enveloppez-les d'un papier cadeau créé par vos soins et ajoutez une étiquette maintenue par un ruban à pois noir et blanc. À l'intérieur, placez une surprise qui rappellera la thématique du jour : des chocolats blancs et des bonbons à la réglisse, par exemple !

À prévoir : Papier à motifs imprimés ou faits maison, imprimante, ruban à pois, étiquettes cadeaux, ciseaux, ruban adhésif.

Chaussures du marié

N'oubliez pas de prévoir une paire de chaussures confortables pour la soirée. Personnalisez une paire de baskets à l'aide d'une bande de tissu cousue.

À prévoir : Tissu, aiguille, fil, ciseaux, feutre pour textiles.

SAC DU TÉMOIN

Offrez aux témoins un tote bag en tissu en clin d'œil au contexte. Dessinez ou écrivez directement sur le tissu à l'aide de feutres spécialement conçus pour les textiles. Soyez inventifs ! Grâce à ce sac, les témoins rassembleront leurs effets personnels, ou aideront les mariés à transporter tout ce dont ils ont besoin en ce jour si particulier.

À prévoir : Sacs en tissu, feutres pour textiles.

VERRES À MOUSTACHES

Décorez les verres de pailles à rayures noires et blanches et de petites étiquettes adhésives en forme de moustaches.

À prévoir : Stickers en forme de moustaches, ou étiquettes réalisées par vos soins, verres, pailles.

BADGES

Oubliez la fleur à la boutonnière, optez pour un accessoire plus contemporain : le badge ! Choisissez parmi les innombrables modèles disponibles, ou fabriquez le vôtre selon vos idées et vos envies.

À prévoir : Badges ou broches, papier, ciseaux, colle.

DESSERT EN NOIR ET BLANC

Décorez la table des desserts selon le style du mariage. Prévoyez des caissettes noires et blanches pour les muffins et toutes sortes d'accessoires déco assortis. Enfin, élément tant attendu de la réception, la pièce montée doit faire l'objet d'une attention toute particulière. Optez pour une décoration sobre et élégante : les nœuds papillon en réglisse seront du plus bel effet sur un glaçage immaculé. Avant d'y goûter, réajustez votre propre nœud !

À prévoir : Accessoires noirs et blancs, caissettes à muffins, sucettes, pièce montée avec glaçage blanc et nœuds papillon en réglisse. Ajoutez des perles alimentaires sur les nœuds pour une touche d'éclat supplémentaire.

DÉCORATIONS POUR LE DESSERT

Fabriquez de petits accessoires à planter au sommet de la pièce montée. Préparez des étiquettes que vous collerez sur des piques à cocktail de longueurs variées.

À prévoir : Papier, imprimante, ciseaux, piques à cocktail, colle.

ALBUM PHOTO INSTANTANÉ

Créez un hashtag dédié à votre mariage et suggérez aux convives inscrits sur Instagram de poster leurs photos, pour un album très vivant !

À prévoir : Ardoise, craie blanche ou feutre blanc, compte Instagram.

« Prenez place, sans prendre parti ! »

Bousculez les esprits, fuyez les conventions, innovez ! Sur le lieu de la cérémonie, proposez aux convives de se mélanger. Pour faciliter les choses, préparez un écriteau astucieusement formulé !

À prévoir : Panneau encadré, message en anglais acheté sur www.etsy.com, ou créé par vos soins.

Reserved for
OVE

LIEU : Au centre-ville

AMBIANCE : Douceur et romantisme

DÉTAILS DÉCO : Vélo, ballons, fanions, motifs fleuris, papillons, bulles de savon, cupcakes, boules de papier alvéolées.

PASTEL

I'm Hers
Svar
JA
eller
NEJ
VÄNLIGEN SVARA SENAST 1:A SEPTEMBER

Honey bun
PERNILLE OCH ALEXANDER
Gifter sig
FREDAGEN DEN TJUGOFÖRSTA SEPTEMBER
TVÅ TUSEN OCH FEMTON
KLOCKAN TRE PÅ EFTERMIDDAGEN
RÅDHUSTORGET
COPENHAGEN DENMARK
ISMAGERIET
ÖRESTAD DENMARK
Cocktails, Bröllopsfest och Dans utlovas
NOTE : PENSEZ À LOUER UN VÉLO ROSE !
LOVE
S 5020-R20B
S 3020-R10B
S 2020-R20B
S 1020-R20B
S 1010-R20B

Le mariage est aussi l'occasion de s'enfuir, rien que tous les deux. Passer un week-end en amoureux dans une grande ville, échanger les alliances, flâner main dans la main, dîner au restaurant, et découvrir ensemble un nouveau lieu. Au retour, organisez une grande fête pour célébrer le mariage avec vos proches !

MARIÉS EN FUITE

Organisez un mariage inoubliable, rien que pour vous deux. Profitez de ce moment passé en amoureux, loin de la routine. Choisissez par exemple une destination citadine, une capitale que vous découvrirez ensemble. Sur place, louez un vélo ou un deux-roues pour parcourir ce lieu à jamais symbolique.

Achetez des fleurs au marché, puis rendez-vous dans une cafétéria où, avec l'accord du patron, vous dresserez une table rien que pour vous deux. Suspendez des boules de papier au-dessus de la table, entrelacez des bandes imprimées pour former une nappe et accrochez des papillons pastel au mur. Confectionnez une mini-guirlande de fanions à planter dans la crème glacée. Préparez une affiche pour expliquer aux clients que vous êtes le couple du jour. Sous votre égide, le lieu est réservé… à l'amour !

Pour aider la clientèle (qui ne vous connaît pas) à comprendre qu'il s'agit d'un mariage, parez-vous de colliers faits maison, portant des messages explicites et romantiques. Un bouquet de ballons pastel à la main, poursuivez votre déambulation, sans oublier les cupcakes pour la pause gourmande !

PERNILLE OCH ALEXANDER
Gifter sig
FREDAGEN DEN TJUGOFÖRSTA SEPTEMBER
TVÅ TUSEN OCH FEMTON
KLOCKAN TRE PÅ EFTERMIDDAGEN
RÅDHUSTORGET
COPENHAGEN DENMARK
ISMAGERIET
ÖRESTAD DENMARK
Cocktails, Bröllopsfest och Dans utlovas
Svar
JA
eller
NEJ
VÄNLIGEN SVARA SENAST 1:A SEPTEMBER

BOLS DÉTOURNÉS EN VASES

Personnalisez votre table avec un joli bouquet de fleurs. Superposez deux bols, et remplissez d'eau le bol supérieur. Placez les fleurs coupées à l'intérieur pour obtenir un vase improvisé !

À prévoir : Vases de couleurs pastel, eau, fleurs.

Menu cocotte

Inscrivez le menu sur une cocotte en papier ! Les clients découvriront de manière amusante les desserts et les glaces du jour.

À prévoir : Papier pastel, feutre, menu.

NAPPE À MOTIFS

Découpez de longues bandes de papier peint assorti au thème du mariage (couleurs pastels, motifs joyeux) et disposez-les sur la table en les entrecroisant, comme un tissage. Fixez-les à la table avec du ruban adhésif double face.

À prévoir : Papier peint, ciseaux, ruban adhésif double face.

Chaises de fêtes improvisées

Déco minute ! Personnalisez vos chaises de jeunes mariés avec des boules de papier alvéolé miniatures. Sélectionnez plusieurs coloris et suspendez vos créations au dossier des chaises.

À prévoir : Boules miniatures de papier alvéolé de coloris variés, ruban adhésif.

SERVICE À THÉ PASTEL

Apportez votre service à thé assorti au thème. Voilà une excellente occasion de chiner tasses, assiettes et plateaux aux coloris pastel dans une brocante. Empilez les tasses comme pour préparer un buffet de desserts – ce qui ne manquera pas d'attirer l'attention de la clientèle !

À prévoir : Porcelaine pastel.

Réservé à l'amour

Réservez votre table en plaçant un petit carton. Découpez une carte dans du papier pastel et inscrivez au feutre « Réservé à l'amour » (ou en anglais « Reserved for Love » selon l'endroit où vous vous trouvez) que vous soyez en tête à tête ou accompagnés d'une grande assemblée !

À prévoir : Papier pastel, feutre, ciseaux.

Guirlande « Love »

Créez un joli décor pour les photographies qui rempliront votre album de mariage. Accrochée à un mur ou entre deux arbres, une guirlande de fanions portant un message d'amour fera office de stand photo improvisé. Découpez les fanions dans du papier épais et imprimez des lettres en gros caractères. Demandez aux passants, ou aux gens rencontrés, de poser sous la guirlande.

À prévoir : Fanions avec message, appareil photo.

BOULES ALVÉOLÉES

Un bouquet de boules de papier alvéolé en suspension crée une atmosphère magique. L'ambiance est à la fête, à la joie et à l'amusement grâce à ces accessoires décoratifs.

À prévoir : Boules de papier alvéolé de coloris et de dimensions variés (boutiques de décoration, ou sur Internet), ficelle, ciseaux.

Elle et Lui

Confectionnez des pendentifs personnalisés ornés de petits cœurs et d'une typographie très douce. Imprimez l'étiquette, découpez-la avant de la coller sur du papier épais ou tout autre matériau rigide. Fixez une chaînette au dos de chaque pendentif avec du ruban adhésif blanc. On saura désormais qui sont les jeunes mariés !

À prévoir : Imprimante, support rigide aux dimensions du pendentif, colle, feutres rose et bleu, ruban adhésif blanc, longues chaînettes.

LIVRE D'OR ITINÉRANT

Prévoyez un livre d'or pratique et original, parfaitement adapté à la formule de votre mariage. Fabriquez de petites enveloppes pastel aux motifs variés, découpez autant de cartes en respectant les dimensions et choisissez un feutre d'une couleur assortie. Mettez le livre d'or à disposition de toutes les personnes rencontrées, qui pourront ainsi glisser leurs vœux dans l'enveloppe de leur choix.

À prévoir : Un grand carnet ou un album aux pages blanches pour coller les enveloppes, enveloppes pastel, colle, cartes, ciseaux, feutre.

« OUI ! »

Inscrivez la formule magique sur la semelle de vos chaussures ! Utilisez un tissu adhésif ou ordinaire, coordonné au style de vos chaussures, que vous fixerez avec un peu de colle.

À prévoir : Chaussures de mariage, tissu, colle, ciseaux.

Cupcakes à emporter

Préparez une pause gourmande pendant votre balade à vélo ou en deux-roues. Placez quelques cupcakes dans des bocaux en verre, fixez une petite cuillère à chaque pot à l'aide d'un ruban en velours, et ajoutez des étiquettes décorées de noms amusants. Choisissez un bel endroit, posez votre vélo, et dégustez !

À prévoir : Cupcakes, bocaux en verre, rubans en velours, cuillères à dessert peintes en coloris pastel, étiquettes en papier.

SOUVENIR ROMANTIQUE

Choisissez un souvenir de votre voyage que vous pourrez encadrer. Recherchez une affiche assortie au thème du jour.

À prévoir : Affiche souvenir, cadre.

Guirlande miniature

Ornez votre coupe de glace d'une petite guirlande de fanions. Dessinez différents motifs ou achetez-les sur Internet. Découpez les fanions et fixez-les avec un peu de colle sur une ficelle pastel attachée à deux piques à brochette. Coupez les piques à la longueur souhaitée, et plantez-les dans la chantilly !

À prévoir : Piques à brochette, ficelle, ruban adhésif, fanions.

JUST MARRIED

Accrochez des boîtes de conserve à l'arrière de votre vélo pour annoncer à la foule que vous venez de vous dire « oui » ! Décorez les boîtes avec du papier coloré et des feutres. Dessinez ou écrivez ce qui vous correspond. Cœurs, flèches, date, lieu du mariage, etc... Sans oublier la mention « Just Married » !

À prévoir : Boîtes de conserve, papier et ficelle pastel, ruban adhésif ou colle, ciseaux, feutres.

Perles roses

La mariée aime les bulles de savon, les fleurs, la tulle et le rose bonbon. Pour la tenue, coordonnez un jupon de tulle avec une chemise en jean et des escarpins roses, puis accessoirisez le tout d'un bouquet de roses et de boucles d'oreilles en perles roses et argentées. Adorable !

À prévoir : Jupon de tulle, chemise en jean, escarpins rose bonbon, boucles d'oreilles roses et argentées.

LIEU : Dans les champs / dans une grange

AMBIANCE : Pastorale

DÉTAILS DÉCO : Balles de foin, dentelle, tissus imprimés, toile de jute, guirlandes lumineuses, éléments crochetés, grain, motifs tamponnés, porcelaine ancienne, tournesols.

CHAMPÊTRE

RÉGALEZ VOS
CONVIVES DE
BISCUITS FAITS
MAISON
HURRA

Ewa-Carin Stare
Table 4
Linda Stare
Table 3
Sväng höger mot E22
följ vägen 2km
följ väg 11 i 13km
skyltat mot Fjälkinge
följ vägen 16km
The Old Barn är på höger sida
precis efter postkontoret
och mittemot Slottsgrindarna
ANDREA & MARKUS
ÖSTRA KÖPMANSGATAN 3
373 20
KARLSKRONA
O.S.A
NAMN
JAG/VI KOMMER GÄRNA
JAG/VI KAN TYVÄRR INTE NÄRVARA

La fraîcheur des prairies et des pâtures, le doux parfum des champs moissonnés et l'air vif de la campagne. Quoi de mieux qu'un tel environnement pour célébrer un mariage champêtre, authentique, en communion avec la nature ? Profitez de ce cadre en toutes saisons et adaptez le repas en fonction des récoltes de légumes, de fruits et de céréales. Sous le haut toit de la grange, les rires s'éleveront haut, très haut...

Othilia

CÉRÉMONIE

Célébrez votre mariage en plein air. Après les moissons, les balles de foin dispersées dans les champs donnent du relief au paysage, et une douce lumière réchauffe l'horizon à perte de vue.

Des balles de foin rectangulaires feront office de bancs pour les invités. Couvrez les balles de tissus imprimés maintenus par des rubans de dentelles pour éviter que le vent ne les emporte. Sur le lieu de la cérémonie, une guirlande de fanions, entrelacée à une guirlande au crochet, affiche les initiales des tourtereaux. En toute simplicité, et avec quelques touches décoratives, l'autel est transformé en un lieu bucolique.

À chaque place, déposez un sachet en tissu rempli de grains que les invités lanceront aux mariés à l'issue de la cérémonie. Imprimez les noms des mariés pour personnaliser les sachets.

RÉCEPTION ET SOIRÉE

Aménagez la grange en disposant de longues tables en bois naturel accompagnées de bancs rustiques. Suspendez des guirlandes lumineuses aux poutres. Le soir venu, elles répandront une douce lumière sous le toit massif du bâtiment.

Habillez les tables de draps blancs et découpez des chemins de table en toile de jute. Verres anciens et porcelaine vintage de couleurs et de formes variées s'assortissent à merveille. Seuls vos propres goûts doivent s'imposer pour le choix de la vaisselle ! Poursuivez ce principe mêlant simplicité et originalité. Inscrivez le menu sur des assiettes en porcelaine dressées sur les tables.

Décorez les tables de pots en bois, de photophores et de bois de cerf. Ajoutez des boîtes anciennes en métal qui serviront de vases.

Déroulez des guirlandes de dentelle le long des bancs, et n'oubliez pas de prévoir d'épais coussins pour le confort des convives !

ASTUCES ET IDÉES

Drapeaux

Préparez de petits drapeaux que les invités agiteront sur le lieu de la cérémonie. Découpez-les dans un tissu naturel et dessinez des pois, des cœurs ou autres motifs au feutre noir. Inscrivez également des messages de type « Hourra ! » ou « Oui ! », puis fixez les morceaux de tissu sur des tuteurs à l'aide de ruban adhésif double face. Un accessoire qui plaira aux petits comme aux plus grands !

À prévoir : Tissu de teinte naturelle, ciseaux, feutre, ruban adhésif double face, tuteurs, scie.

SACHETS DE GRAINS

C'est sous une pluie de grains que l'on quitte l'autel d'un mariage champêtre ! Confectionnez de petits sachets dans un tissu naturel et tamponnez vos initiales avec de l'encre pour textiles. Remplissez de grains les sachets, que vous refermerez par un ruban de dentelle. Disposez-les sur les balles de foin qui feront office de bancs.

À prévoir : Tissu de teinte naturelle, machine à coudre, tampons lettres, encre pour textiles, ruban de dentelle, grains.

Bancs de foin

Les balles de foin sont incontournables dans le décor d'un mariage champêtre ! Utilisez-les en guise de bancs, et couvrez-les de tissus imprimés aux motifs et aux coloris variés. Maintenez les tissus par des rubans de dentelles. Une astuce créative et ravissante !

À prévoir : Balles de foin rectangulaires, tissus imprimés variés, épingles, rubans de dentelle, ciseaux, épingles à nourrice.

GUIRLANDE CROCHETÉE ET FANIONS EN BOIS

Une guirlande composée de motifs au crochet ajoute une touche de couleur. Si vous savez crocheter, commencez dès maintenant, sinon, vous trouverez de petits napperons dans des brocantes. Certaines boutiques en lignes vendent des guirlandes toutes faites.

Fabriquez (ou achetez) des fanions en bois sur lesquels vous inscrirez les initiales du couple, un signe +, et de petits cœurs. Formez une guirlande que vous accrocherez sur une grosse balle de foin. Rustique et romantique

À prévoir : Fil coloré, crochet, imagination, fanions en bois ou planche fine découpée et percée, ficelle épaisse, papier coloré, ciseaux, colle.

ACCESSOIRES PHOTO

Confectionnez de petits accessoires décalés pour déguiser vos convives et prendre des clichés mémorables ! Imprimez en couleur des moustaches, des lèvres en forme de baiser, des lunettes et bien d'autres choses encore. Reproduisez-les sur du papier coloré épais, et fixez-les sur des piques à brochettes. Place aux fous rires !

À prévoir : Motifs d'accessoires « photobooth » visibles sur Internet ou de votre propre création, piques à brochettes, papier, ciseaux, ruban adhésif.

Stand photo

La création d'un décor pour les photos laisse d'heureux souvenirs dans l'album de mariage. Incitez vos convives aux pitreries les plus amusantes en mettant à leur disposition quelques accessoires. Préparez un panneau en bois gravé pour indiquer le stand.

À prévoir : Panneau en bois ou planche en bois, scie et matériel de pyrogravure.

MENU SUR PORCELAINE

Présentez le menu sur des assiettes anciennes inscrit la réception dans une ambiance bucolique. Choisissez des assiettes fleuries et utilisez un feutre tous supports. Une fois la fête terminée, ces assiettes seront un précieux souvenir de mariage.

À prévoir : Assiettes de formes et de motifs variés, feutre tous supports, menu.

Numéro de table clouté

Sur des planches de bois, dessinez au crayon, par un trait léger, les numéros des tables. Plantez ensuite des clous en suivant le tracé.

À prévoir : Planches de bois, scie, crayon, clous et marteau.

▼ Pots de confiture personnalisés

Utilisez des bocaux de confiture ou de gelée comme marque-places ! Découpez des étiquettes dans des tissus imprimés, inscrivez les noms des convives avant de les coller.

À prévoir : Bocaux à confiture, chutes de tissus imprimés, ciseaux, colle, feutre.

▼ POCHETTE À COUVERTS

Présentez les couverts dans des pochettes en papier. Choisissez du papier kraft sur lequel vous dessinerez la silhouette d'un couteau et d'une fourchette, ajoutez une serviette en papier et fermez la pochette par une ficelle rouge et blanche. Disposez les pochettes à côté des assiettes.

À prévoir : Pochettes en papier kraft, feutre, couverts, serviettes en papier, ficelle.

FANIONS EN LIN

Distinguez les places des mariés à l'aide de fanions en lin. Inscrivez sur le tissu les mentions « Elle » et « Lui » ou encore leurs prénoms ou leurs initiales, en utilisant de la peinture pour textile. Découpez les pièces selon une jolie forme de fanion. Calez les fanions obtenus sous les assiettes et laissez-les retomber sur la nappe.

À prévoir : Tissu de teinte naturelle (lin, par exemple), ciseaux, peinture pour textiles, pochoirs lettres, éponge.

Guirlande de dentelle

Récupérez une grande quantité de petits napperons en dentelle que vous couperez en deux avant de les coudre sur un long ruban blanc pour former une guirlande à accrocher d'une poutre à l'autre ou sur les bancs.

À prévoir : Napperons en dentelle, machine à coudre, ciseaux, ruban blanc.

CADEAUX MAISON

Préparez des fournées de biscuits à offrir à vos convives. Confectionnez des sachets en cellophane et agrafez des petites pièces de tissus fleuris pour les fermer. Petit plus : un tampon « fait maison » décore les biscuits, pour une authenticité garantie !

À prévoir : Biscuits faits maison, cellophane, tissus fleuris, tampon « fait maison ».

Boîtes anciennes

Les objets recyclés font aussi partie du thème champêtre ! Transformez en vases d'anciennes boîtes métalliques que vous remplirez de fleurs des champs. Mélangez les styles, les couleurs et les formes. Soyez créatif ! Ces vases apporteront une note contemporaine au thème général, sans pour autant briser son unité.

À prévoir : Fleurs, boîtes anciennes à biscuits, à café, à thé, etc...

Something old, something new, something borrowed, something blue

PLATEAUX FORESTIERS

Le principe d'un mariage champêtre est d'utiliser tout ce que la nature nous offre. Débitez des rondelles de bois dans un tronc d'arbre et utilisez-les en guise de plateaux décoratifs. Vous pourrez par exemple servir les apéritifs dans de petites bouteilles en verre présentées sur ces plateaux.

À prévoir : un tronc d'arbre récupéré dans une scierie ou un chantier, scie, petites bouteilles en verre.

DENTELLE DANS LES CHEVEUX

À l'image de la célébration, la mariée sera la plus naturelle possible. Les cheveux doucement bouclés sont retenus par un ruban de dentelle – qui peut également être utilisé en diadème. *Less is more* !

À prévoir : Fer à friser, laque, ruban de dentelle, épingles à cheveux.

Boutonnière champêtre

Une broche fleurie mettra en valeur le costume du marié. Réalisez une composition éclectique : baies sauvages, bruyère, tournesols nains, ainsi qu'un morceau de ficelle brute pour lier l'ensemble. Charme, élégance et simplicité !

À prévoir : Fleurs et baies sauvages, fil de fer en bobine, ficelle brute, épingle à nourrice.

C'EST ICI QUE TOUT COMMENCE

Accueillez vos invités par un message symbolique affiché à l'entrée de la réception.

À prévoir : Ardoise, craie ou feutre blanc, ruban de dentelle, imagination.

Remerciements à :

Maria Ramdén qui nous a donné la chance de concrétiser ce fantastique projet !
... **Erika**,notre éditrice si patiente, douée et enthousiaste, ainsi que notre graphiste **Eva-Jo**, pour son talent, sa gaieté et son inspiration. Nous sommes enchantées d'avoir pu travailler avec vous !

... ma chère **famille** et mes chers **amis**, qui m'encouragent toujours dans mes projets créatifs. Merci à mon **Frederik** adoré, je suis si heureuse de t'avoir à mes côtés ! Anna

... mon adorable **famille** qui m'a soutenue dans tous les aspects de ce projet, et pendant les nuits blanches passées à travailler. Merci particulièrement à **Leah**, ma fille, mon mannequin et mon assistante qui m'inspire sans cesse ! Merci enfin à mon cher **Johan** qui supporte beaucoup et a toujours une bonne idée à partager. Lina

... les fleuristes de **Jaffa Blommor** à Kristianstad : Roger, Jessica, Louise, Nilla, Katarina, Kim et Ingrid, toujours très accueillants et prêts à nous aider.

... Marie et ses employées du **Salong Tova** à Kristianstad qui ont réalisé les superbes coiffures des thèmes Champêtre et Gatsby.

... Camilla, de la boutique **Tekla** à Malmö qui nous a prêté les robes merveilleuses et le headband pour les thèmes Pastel et Gastby.

... Cecilia de la boutique **Angeli Lucca** à Kristianstad pour les jolies robes de mariage du thème Champêtre.

... La boutique **Cenino** à Kristianstad pour les costumes du marié et du témoin de notre mariage Champêtre.

... Alexander de **SkjortDesign**, pour la chemise du marié de notre thème Rose poudré.

... La grand-mère de Lina, **Inga-May**, pour le prêt de sa robe rose, parfaite pour le thème Rose poudré.

... La boutique **Wallenbergs Skor** à Kristianstad pour les chaussures des thèmes Pastel, Champêtre et Gatsby.

... **Dusty Boy Designs** pour la papeterie de mariage.

... **Kayleigh DuMond** pour la papeterie du thème Botanique.

... **Johan Andersson** pour la liste des boissons et le menu du thème Fluo.

... **Allkopiering** à Kristianstad pour les fournitures des thèmes Graphique et Gatsby.

... Christer de la boutique **Inlämna** à Hasselholm pour le prêt de planches illustrées pour le thème Botanique.

... Ewa Luczak, de **Tårthimlen** pour la pièce montée du thème Graphique.

... Maria de **Reunion Hide Away** pour les accessoires marocains du thème Boho Chic.

... **Wallgårds Färg & Tapet** à Kristianstad pour les papiers peints et les peintures.

... La boutique **Symaskinshuset** à Kristianstad pour les rubans de dentelle et de satin.

... **Baisikeli** à Copenhague pour le prêt du vélo rose du thème Pastel.

... Toutes les enseignes qui nous ont prêté des accessoires : Borett Interiör, Cervera, Dress Man, Granit, Hemtex, IKEA, Royaldesign, Scorett, Åhléns.

... Slottsträdgårdens Café à Malmö pour le prêt de la serre.

... Le directeur, les enseignants et les élèves de la **Sophiaskolan** à Rörum pour le prêt de leur splendide verger.

... Le personnel du château de **Hovdala** à Hässelholm pour le prêt de l'orangerie et de la grange.

... La **famille Björk-Åkesson** à Gyllebo qui nous a prêté son garage.

... Kim Simonsen du café **Ismageriet** à Copenhague qui nous a régalé de ses glaces savoureuses.

... Arvid Falk, du **Boulebar** à Malmö pour le prêt du local.

... Le **château de Kronovalls** pour les décors romantiques.

... **Liselott Jacobsson** sa famille, et ses chevaux, à Fjälkinge.

... **Anita et Sven-Anders Nilsson** pour le prêt de leur jolie grange à Fjälkinge.

... **Pålsjö Matbar** à Helsingborg pour le décor du thème Pastel.

... Et tous nos mannequins : **Antonia** Gullberg, **Alexander** Stenberg, **Cornelia** Ekberg, **Fredrik** Hägglund, **Camilla** Davidsson, **Petter** Gantelius, **Svante** Gantelius, **Catrin** Huss, **Mattias** Huss Malmborg, **Angela** Holm, **Elin** Arvidsson, **Philip** Rejnefelt, **Matilda** Tenghagen, **Andrea** Lagerberg, **Markus** McGruber Jeppsson, **Timmie** Mattsson, **Hanna** Jeppsson, **Malik**, **Fredrik** Biel, **Amanda** Lindahl, **Ola** Lindahl, **Leah** Arvidsson, **Linda** Michelsen, **Björn** Michelsen.

COUVERTURE : Slottsträdgårdens Café, Tekla, Jaffa Blommor, Kayleigh DuMond, Symaskinshuset, mariée Linda, marié Björn

ROSE POUDRÉ : Sophiaskolan, IKEA, Inga-May Ottosson, Cervera, Borett Interiör, Åhléns, Skjortdesign, Weddingchicks, Style Me Pretty pourl'inspiration de Tears of Happiness, mariée Antonia, marié Alexander

BOTANIQUE : Orangerie du château de Hovdala, boutique du château Hovdala, Kayleigh DuMond, Jaffa Blommor, Cervera, Borett Interiör, Inlämna, mariée Cornelya, marié Fredrik

BOHO CHIC : Reunion Hide Away, Dusty Boy Designs, Jaffa Blommor, Symaskinshuset, Cervera, Åhléns, Scorett, mariée Camilla, marié Petter, petit garçon Svante

FLUO : Famille Björk-Åkesson, Dusty Boy Designs, Cervera, Åhléns, Jaffa Blommor, Wallgårds Färg & Tapet, Dress Man, Johan Andersson, mariée Catrin, marié Mattias, demoiselles d'honneur Elin, Angela, et Anna

GATSBY : Kronovalls Vinslott, Dusty Boy Designs, Jaffa Blommor, Salong Tova, Wallenbergs Skor, Symaskinshuset, Tekla Wallgårds Färg & Tapet, mariée Amanda, marié Ola, fillette Leah

GRAPHIQUE : Boulebar, Allkopiering, Dusty Boy Designs, Cervera, Hemtex, WeddingChicks, Tårthimlen, mariés Fredrik et Malik

PASTEL : Ismageriet, Pålsjö Matbar, Baisikeli, Tekla, Åhléns, Wallenbergs Skor, Dusty Boy Designs, Wallgårds Färg & Tapet, papeterie With love, Petra Boase, mariée Matilda, marié Philip

CHAMPÊTRE : château de Hovdala, Jaffa Blommor, Granit, Salong Tova, Cenino, Angeli Lucca, Inlämna, Åhléns, Symaskinshuset, Yvonne Andersson, Liselott Jacobsson, Anita et Sven-Anders Nilsson, mariée Andrea, marié Markus, témoin Timmie, demoiselle d'honneur Hanna